Gabi Wiesmann

# Lustige Figuren aus Tontöpfen

CHRISTOPHORUS
BRUNNEN-REIHE

# Inhalt

# Pflanztöpfe dekorativ

Irgendwann vor gar nicht allzu langer Zeit war es den Tontöpfen zu langweilig, immer nur bepflanzt zu werden und in Übertöpfe gesteckt vor sich hin zu modern. Bunt und fröhlich wollten sie sein, ein bisschen wie die Menschen aussehen und als Dekorationen in Haus und Garten, am Teich, im Treppenhaus, auf Fensterbank und Balkon gute Laune verbreiten. So trifft man die lustigen Figuren heute häufiger einzeln, zu zweit oder in ganzen Gruppen an, immer passend zur Jahreszeit dekoriert.

Die Männchen und Weiblein sind ganz einfach nachzuarbeiten. Schnell gemacht und preisgünstig sind sie eine nette Geschenkidee für viele Anlässe.

Auch Kindern macht es großen Spaß, eigene Figuren aus Tontöpfchen zu basteln. Wie Sie sehen, war meine Tochter Eva-Maria mit Fantasie und Begeisterung dabei und hat diese originellen Gestalten geschaffen.

Viel Freude und gutes Gelingen beim Basteln der lustigen Gesellen wünscht Ihnen

Ihre

# Material

**Blumentöpfe** werden in verschiedenen Größen und Formen im Bastelfachhandel oder in Baumärkten angeboten. Rosentöpfe sind für schlanke Figuren oder schmale lange Gesichter gut geeignet, Glockentöpfe für Schneemänner, Clowns oder andere dicke Figuren mit Kugelbäuchen und runden Gesichtern.

Zum Verkleben der einzelnen Töpfe wird **Silikonkleber** verwendet. **Heißkleber** hält nur für kurze Zeit, bei Witterungseinflüssen wie Nässe oder Kälte lösen sich die Töpfe voneinander. Töpfchen, die am Körper befestigt werden, mit Heißkleber fixieren und dann mit Silikonkleber gut festkleben.

Auf **Naturbast** oder **Sisaldraht**, 6 mm ∅, werden kleine Töpfe für die Arme aufgefädelt.

Aus **Sisalhaar**, **Hanf**, **Bast** oder **Plüsch** werden die Frisuren gestaltet.

**Außerdem benötigen Sie:**

- Styroporkugel oder die Hälfte eines Acrylglas-Medaillons als Oberkopf
- Wackelaugen, rund oder oval, in verschiedenen Größen.
- Holzperlen für die Nasen
- Pluster-Pen zum Bemalen der Gesichter. Die Farbe wird nicht aufgeplustert!
- Klarlackspray für Witterungsbeständigkeit und zum Schutz bemalter Gesichter
- Verschiedene Deko-Materialien: Juteband, Jutestoff, Stoffreste, Muscheln, Deko-Früchte, Seidenblumen, kleine Gartengeräte
- Bindedraht

# So gehts

**Grundformen**

Drei gleich große Töpfe aufeinander kleben. Dazu Silikonkleber auf den oberen Rand des ersten Topfes auftragen, den zweiten Topf Rand auf Rand aufsetzen. Silikonkleber auf den Boden streichen, den dritten Topf Boden auf Boden fixieren. Überschüssigen Klebstoff entfernen.

Für eine Figur mit „Rock" zwei verschieden große Tontöpfe übereinander kleben. Dabei den unteren Topf eine Nummer größer wählen. Figuren, die einen „Rock" tragen, stehen durch die breitere Standfläche sicherer.
In die Kopföffnung eine passende Styroporkugel oder eine Hälfte einer teilbaren Acrylkugel oder eines Acrylmedaillons kleben. So entsteht ein schöner Oberkopf. Den Oberkopf passend zur Haarfarbe bemalen.

**Arme**

Töpfchen von beiden Seiten auf Sisaldraht, 6 mm ∅, fädeln. Eventuell das Loch mit einer alten Schere vergrößern. Töpfe so weit verschieben, bis der gewünschte Abstand erreicht ist. Das Drahtende umbiegen. Eventuell eine Holzkugel auf das untere Drahtende fädeln. Die Arme sind beweglich und bleiben in der gebogenen Position.
Oder kleine Töpfchen beidseitig auf einen dünnen Strang Naturbast fädeln. Dabei jeden Topf mit Knoten fixieren, damit genügend Abstand bleibt. Für die Hände Bastbüschel legen, mit Draht abbinden, die Bastenden gerade abschneiden und als Hände in die unteren Töpfchen kleben.
Die Bast- oder Sisalarme mit Heißkleber an der Rückseite zwischen Kopf und Körper leicht fixieren und dann mit Silikonkleber gut festkleben.

**Gesicht**

Wackelaugen und Holzperle als Nase mit einem kleinen Tupfer Silikonkleber anbringen. Mund und Augenbrauen mit Plusterfarben aufmalen, die Farben aber nicht aufplustern, sie sind auch so schon etwas erhaben.

**Frisur**

Die Haare mit Sisal, Hanf oder Plüsch gestalten. Am einfachsten und effektvollsten ist die Frisur mit Sisalhaar, das in jeder Farbe erhältlich ist. Einen Strang Haar mit Heißkleber auf den Oberkopf kleben und frisieren, als Kurzhaarfrisur, mit Zöpfen oder mit langem Haar.
Der Fantasie sind hier keine Grenzen gesetzt.
Für Hanffrisuren den Hanf durchkämmen und mittig auf einen Stoffstreifen nähen. Den Streifen am Oberkopf festkleben und die Frisur richten.
Plüsch entsprechend des Kopfumfangs als Kreis oder Streifen zuschneiden und festkleben.
Wird eine Kopfbedeckung wie Strohhut oder Tontopf verwendet, die Haare am Innenrand des Hutes oder Topfes fixieren und aufsetzen.

**Material**

***Für beide***

- Pluster-Pen
- Plüschrest

***Osterhase***

- 2 Glockentöpfe, 13 cm Ø
- Tontopf, 12 cm Ø
- 8 Tontöpfe, 3 cm Ø
- Naturbast
- Medaillonhälfte, 12 cm Ø
- Sisalhaar in Orange
- Moosgummi in Hellbraun, Weiß
- Schleifenband, kariert, 70 cm
- Margeritenblüten, Plastik-Ei, Küken, alter Pinsel

***Gänsejunge***

- 3 Tontöpfe, 7 cm Ø
- Sisaldraht, 6 mm Ø, 30 und 40 cm
- 2 Holzkugeln, 2,5 cm Ø
- 2 Marionettenfüße, 4 cm
- 2 Wackelaugen, oval, 1 x 1,5 cm
- Holzperle, 6 mm Ø
- Juteband in Gelb, 25 cm
- Gänschen, Blüten, Naturmoos, Beeren, Heubüschel

**Vorlagen**

A1 - A2

# Osterhase & Gänsejunge

Die Grundformen und Arme, wie auf Seite 5 beschrieben, herstellen.

Für den **Hasen** das halbe Medaillon am Oberkopf fixieren, mit Plüsch verkleiden, Sisalhaar aufkleben. Ohren aus Moosgummi nach der Vorlage A1 zuschneiden, mit Pluster-Pen schwarze Konturen ziehen. Gesicht aufmalen und Schnurrbarthaare aus Naturbast aufkleben. Als Halsmanschette ein Stück Plüsch umlegen. Malerpalette aus weißem Moosgummi (Vorlage A2) schneiden, bunte Pluster-Pen-Farbkleckse aufdrücken. Plastik-Ei mit Farbe betupfen. Küken, Pinsel, Ei und Malerpalette fixieren.

Für den **Gänsejungen** um den oberen Topfrand Plüschstreifen fixieren. Auf die Sisaldraht-Enden beidseitig Holzperlen und Marionettenfüße kleben, den Jungen der Abbildung entsprechend gestalten.

## Manuel & Eva

*Abbildung & Materialangaben Seite 8/9*

Die Grundformen, Arme, Haare und Gesichter, wie auf Seite 5 beschrieben, gestalten.

Für den **Margeriten-Manuel** Karoband als Schleife umbinden. Moos, Margariten, Blätter und Käferchen auf dem Hut dekorieren. Eimer mit Moos, Blüten und Käfer füllen und in die Sisaldrahtschlaufe einhängen.

Der **Margariten-Eva** den Strohhut aufsetzen, mit Blumen, Käfer, Moos und Efeuranken dekorieren. Das Band um den Hals zur Schleife binden. Das Töpfchen zwischen den Händen fixieren, mit Moos, Blüten und Käferchen bepflanzen.

# Manuel & Eva

## Material

***Für beide***

- Glockentopf, 13 cm ∅
- 8 Tontöpfe, 3 cm ∅
- Pluster-Pen in Rot
- 2 Wackelaugen, oval, 1 x 2 cm
- Efeu

***Manuel***

- Tontopf, 13 cm ∅
- 2 Tontöpfe, 11 cm ∅
- Sisaldraht, 6 mm ∅, 45 cm
- Hanf
- Holzwürfel, 1 cm
- Naturmoos
- Karoband, 1 m
- Margeritenblüten, Holzkäferchen, Eimerchen

***Eva***

- Tontopf, 11 cm ∅
- Tontopf, 9 cm ∅
- Medaillonhälfte, 12 cm ∅
- Töpfchen, 5 cm ∅
- Naturbast
- Hanf
- Strohhut, 16 cm ∅
- Karoband, 2 m
- Holzperle, 8 mm ∅
- Schleifenband, 70 cm
- Käferchen, Naturmoos, Margeriten

*Anleitung Seite 6*

# Kräuterelfen

**Material**

- 2 Tontöpfe, 7 cm ∅
- Sisaldraht, 6 mm ∅, 3 x 30 cm, 3 x 45 cm
- 2 Marionettenfüße, 4 cm lang
- 2 Tontöpfe, 3 cm ∅ oder 2 Holzkugeln, 2,5 cm ∅
- Perlen
- 2 Wackelaugen, oval, 1 x 1,5 cm
- Pluster-Pen in Rot
- Filz in Grün, 25 cm
- Efeugirlande, 50 cm
- Peperoni, getrocknet
- Gartengeräte

**Vorlage** B

Die Grundform, Arme, Haare und Gesichter, wie auf Seite 5 beschrieben, der Abbildung entsprechend gestalten.
Die Beine am unteren Topfrand gut mit Heißkleber fixieren.
Filzflügel (Vorlage B) ausschneiden und am Rücken festkleben.
Efeugirlande um Hals und Körper wickeln. Mit Peperoni und Gartengeräten dekorieren.

## Bimmerl & Boris

Abbildung & Materialangaben Seite 12/13

Die Grundformen, Arme, Haare und Gesichter, wie auf Seite 5 beschrieben, gestalten.
Fürs **Bimmerl** grünes Juteband um den Halsansatz binden. Moos aufkleben und mit Blüten dekorieren. Jute in Natur in zwei Stücke schneiden, über Kreuz zusammenbinden und aufs Haar kleben. Mit Beeren, Blüten Blättern und Vogelnest dekorieren.
Dem **Boris** Juteband um den Halsansatz binden. Moos zwischen die Arme kleben, mit Seidenblüten und Blättern dekorieren. Für die Kopfbedeckung Jutestreifen mit Bast zusammenbinden und aufkleben. Zum Schluss die Katze fixieren.

# Bimmerl & Boris

## Material

***Für beide***

- Pluster-Pen in Rot
- Naturbast
- Naturmoos

***Bimmerl***

- 3 Tontöpfe, 17 cm ∅
- 8 Tontöpfe, 4 cm ∅
- 2 Wackelaugen, 2 cm ∅
- Holzscheibe/-perle, 1,5 cm ∅
- Sisalhaar in Pink
- Juteband in Natur, 50 cm, in Grün, 70 cm
- Schleifenband, 70 cm
- Beeren, Blätter, Blüten
- Nest mit Vogel

***Boris***

- 3 Tontöpfe, 17 cm ∅
- 6 Tontöpfe, 6 cm ∅
- 2 Wackelaugen, 3 cm ∅
- Holzwürfel/-perle in Braun, 1,5 cm ∅
- Sisalhaar in Gelb
- Juteband in Blau, 65 cm
- Jutestoff in Gelb, Blau
- Seidenblüten/-blätter
- Keramikkatze

*Anleitung Seite 11*

# Renaldo, der Clown

**Material**

- 3 Glockentöpfe, 17 cm ∅
- 8 Tontöpfe, 5 cm ∅
- Sisaldraht, 6 mm ∅, 55 cm
- 2 Holzkugeln, 3 cm ∅
- 2 Wackelaugen, 1,5 cm ∅
- Holzwürfel, 1,5 cm
- Pluster-Pen
- Sisalhaar in Rot
- Zylinder, 9 cm ∅
- Sonnenblumenblüten
- Schleifenband, 25 cm
- Strickschlauch, 8 x 20 cm
- 2 Moosgummischeiben, 3 cm ∅
- 3 Pompons, 2 cm ∅
- Aludraht, Förmchen

Die Grundform, Arme, Haare und Gesichter, wie auf Seite 5 beschrieben, gestalten.
Zylinder und Blumen aufs Haar kleben. Eine Schleife um den Hals binden. Den Strickschlauch zu zwei Stücken, 8 x 10 cm, halbieren, als Hosenträger aufkleben. An den Trägerenden zwei Moosgummischeiben anbringen. Die Pompons auf den Bauch kleben. Förmchen mit Draht in die Hand geben.

## Marielle mit Neptun

*Abbildung & Materialangaben Seite 16/17*

Die Grundformen, Arme, Haare und Gesichter, wie auf Seite 5 beschrieben, gestalten. Eine Muschel als Nase aufkleben.
Für **Marielle** das Deko-Netz aufs Haar kleben und um den Hals legen. Arme nach vorne biegen und eventuell mit Silikonkleber fixieren. Deko-Gras, Seerose und Fischchen aufkleben. Muscheln im Haar verteilen.
Dem **Neptun** den großen Tontopf als Hut aufsetzen, mit Deko-Netz, Muscheln und Tillandsien dekorieren. Deko-Netz um den Halsansatz nach vorne ziehen und festkleben. Muscheln und Holzperlen auf die weiße Kordel ziehen und um den Körper legen. Holzwürfel als Finger in die untere Topföffnung kleben. Muscheln und Fischchen verteilen.

## Marielle mit Neptun

### Material

***Für beide***

- Medaillonhälfte oder Styroporkugel, 12 cm ∅
- Pluster-Pen in Rot
- Deko-Fische
- Muscheln
- Sisalhaar in Grün
- Acrylfarbe in Grün
- Sisaldraht, 6 mm ∅, 50 cm

***Marielle***

- 2 Glockentöpfe, 13 cm ∅
- Tontopf, 12 cm ∅
- 8 Tontöpfe, 3 cm ∅
- 2 Wackelaugen, oval, 1 x 2 cm
- Deko-Netz in Grün
- Seerose, Deko-Gras, Naturbast

***Neptun***

- 3 Tontöpfe, 12 cm ∅
- Tontopf, 15 cm ∅
- 8 Tontöpfe, 5 cm ∅
- 2 Wackelaugen, oval, 1,5 x 2 cm
- Deko-Netz in Weiß
- Kordel in Weiß, 2 m
- Holzwürfel in Grün
- Holzperlen in Weiß
- Neptunstab (Gartengerät)
- Tillandsien

*Anleitung Seite 14*

# Stefferl mit Pflanze

**Material**

- 3 Tontöpfe, 16 cm ∅
- 8 Tontöpfe, 4 cm ∅
- Tontopf, 9 cm ∅
- Naturbast
- 2 Wackelaugen, oval, 1 x 1,5 cm
- Holzperle, 15 mm ∅
- Pluster-Pen in Rot
- Sisalhaar in Gelb
- Strohhut, 19 cm ∅
- Sonnenblumen
- Efeu
- Juteband in Blau, 70 cm
- Marienkäfer
- Naturmoos

Die Grundform, Arme, Haare und Gesichter, wie auf Seite 5 beschrieben, gestalten.
Den Strohhut aufsetzen und mit Efeu und Sonnenblumen verzieren. Juteband als Schleife umbinden. Pflanztopf zwischen die Hände kleben. Naturmoos um den Bauch verteilen und am Töpfchen festkleben. Mit Sonnenblumen und Käferchen dekorieren.
Vor dem Bepflanzen Alufolie oder kleines Tellerchen zum Wasserauffangen ins Töpfchen legen.

## Lara & der Zauberer

*Abbildung & Materialangaben Seite 20/21*

Die Grundformen, Arme, Haare und Gesichter, wie auf Seite 5 beschrieben, gestalten.
Für **Lara** Kopftuch und Schürze (Vorlage C1, C2) zuschneiden und umbinden. Schürzentäschchen aus Jutestoff zuschneiden, aufkleben, Mond und Stern aufmalen. Das Kopftuch orangefarben bemalen. Kürbis und Besen ankleben. Spinnenfaser um den Kopf verteilen und Plastikspinnen aufkleben.
Für den **Zauberer** Rosentöpfe mit Acrylfarbe schwarz anstreichen, nach dem Trocknen mit Gold-Spray besprühen. Den Zauberhut (Vorlage C3) herstellen, mit Sternen oder beliebigen Ornamenten bemalen. Den Umhang mit Gold-Spray besprühen, 6 cm vom oberen Rand entfernt mit Heftstichen einkräuseln. Umhang mit Spinnenband umbinden. Aus Moosgummi das Zauberbuch arbeiten. Dazu die Platte teilen, aufeinander kleben, mit Satinband abbinden und mit Glimmer bemalen. Besen und Buch in den Händen fixieren.

# Lara & der Zauberer

## Material

***Für beide***

- Pluster-Pen
- Besen

***Lara***

- 2 Tontöpfe, 11 cm ∅
- Tontopf, 13 cm ∅
- 8 Tontöpfe, 3 cm ∅
- Naturbast
- 2 Wackelaugen, oval, 1 x 1,5 cm
- Sisalhaar in Orange
- Filz in Schwarz, 50 cm
- Jute-Rest in Orange
- Kordel in Orange, 1 m
- Spinnenfaser in Schwarz, 2 Plastikspinnen, Deko-Kürbis

***Zauberer***

- 2 Rosentöpfe, 13 und 16 cm Ø
- Tontopf, 5 cm Ø
- 2 Tontöpfe, 6 cm Ø
- Holzkugel
- Kordel in Natur, 8 mm Ø, 40 cm
- Filz in Schwarz, 1,5 m
- Sisalhaar in Natur
- Schleifenband in Lila, 70 cm
- Satinband in Lila, 1 cm breit, 60 cm
- Moosgummi in Schwarz, 20 x 30 cm
- Acrylfarben
- Glimmer in Fuchsia
- Gold-Spray

**Vorlagen**

C1 – C3

*Anleitung Seite 18*

# Bertl mit Hund

**Material**

- 3 Glockentöpfe, 13 cm ∅
- 8 Tontöpfe, 3 cm ∅
- Sisaldraht, 6 mm ∅, 45 cm
- 2 Wackelaugen, oval, 1 x 1,5 cm
- Holzperle, 8 mm ∅
- Sisalhaar in Gelb
- Pluster-Pen in Rot
- Jutestoff in Blau, 15 x 50 cm
- Kordel in Rot, 50 cm
- Juteband in Gelb, 40 cm
- Stoffrest, 20 x 25 cm
- Kordel in Blau, 1 m
- 2 Holzherzchen
- Keramikhund
- Kordel für Leine, 50 cm

**Vorlage** D

Die Grundform, Arme, Haare und Gesichter, wie auf Seite 5 beschrieben, gestalten.
Blauen Jutestoff an der schmalen Kante zusammennähen oder kleben. Oberkante mit der Kordel zusammenbinden. Als Mütze festkleben und mit Holzherzchen verzieren. Schürze (Vorlage D) zuschneiden, mit Kordel festbinden. Gelbes Juteband um den Halsansatz knoten. Die Armenden umbiegen, die Hundeleine festknoten.

## Jupp & Hannerl

*Abbildung & Materialangaben Seite 24/25*

Die Grundformen, Arme, Haare und Gesichter, wie auf Seite 5 beschrieben, gestalten.
Für **Jupps** Mütze Jutestoff mit Naturbast an der schmalen Kante zusammennähen. Untere Kante umschlagen, auf den Kopf kleben und die obere Kante mit Naturbast zusammenbinden. Mit Blüten und Blatt dekorieren. Naturbast um den Hals zur Schleife binden. Naturkordel um den Bauch legen und verknoten. Getreidebüschel mit Bast binden, in die Schere kleben und mit den Händen verbinden.
Für **Hannerl** Juteband einkräuseln und um den Hals kleben. Mit Blüten verzieren. Leiter mit Würmchen an einem Arm befestigen. Die andere Hand hält den Korb mit Moos, Apfel und Blüte. Den zweiten Apfel in das Bastbüschel kleben. Kopftuch umbinden.

# Jupp & Hannerl

## Material

***Für beide***

- Pluster-Pen in Rot
- Naturbast

***Jupp***

- 2 Glockentöpfe, 13 cm ∅
- Tontopf, 12 cm ∅
- 2 Tontöpfe, 4 cm ∅
- Kordel in Natur, 8 mm ∅, 40 cm
- Medaillonhälfte, 12 cm ∅
- Sisalhaar in Natur
- Kordel in Natur, 10 mm ∅, 50 cm
- 2 Wackelaugen, oval, 1 x 2 cm
- Holzperle in Braun, 15 mm ∅
- Jute in Natur, 30 x 60 cm
- Sonnenblumen, Getreide, Schere

***Hannerl***

- 2 Rosentöpfe, 16 cm Ø
- Tontopf, 17 cm Ø
- 2 Tontöpfe, 6 cm Ø
- Naturkordel, 8 mm Ø, 50 cm
- Medaillonhälfte, 12 cm Ø
- Sisalhaar in Orange
- 2 Wackelaugen, 2,5 cm Ø
- Holzkugel, 2,5 cm Ø
- Schleifenband, kariert, 1,20 m
- Juteband in Blau, 60 cm
- 2 Deko-Äpfel
- Draht
- Leiter, Würmchen, Korbtasche, Dreiecktuch, Blüten, Moos

*Anleitung Seite 23*

# Anglerglück

**Material**

***Für beide***

- Pluster-Pen in Rot
- 2 Wackelaugen, oval, 1 x 1,5 cm

***Angler***

- 2 Tontöpfe, 7 cm Ø
- Blumendraht, 1 mm Ø, 2 m
- Holzperle, 8 mm Ø
- Styroporhände, -füße
- Steinfarbe in Terrakotta
- Aludraht in Silber, 1 mm Ø
- Sisalhaar in Blau
- Juteband in Natur
- Bast in Blau, Natur
- Muscheln
- Deko-Fisch

***Marie***

- 2 Tontöpfe, 7 cm Ø
- 4 Tontöpfe, 3 cm Ø
- Sisaldraht, 6 mm Ø, 2 x 30 cm
- Sisalhaar in Natur
- Juteband-Reste in Lila, Orange
- Moos, Deko-Vogel

Die Grundformen, Arme, Haare und Gesichter, wie auf Seite 5 beschrieben, gestalten.
Für **Marie** die Sisal-Beine am vorderen unteren Topfrand mit einer dicken Schicht Heißkleber fixieren. Juteband zusammenknoten und aufs Haar kleben. Jutebandstreifen um den Halsansatz kleben. Zwischen die Händchen Naturmoos kleben und den Vogel reinsetzen.
Für den **Angler** Styroporhände und Füße mit Steinfarbe bemalen, gut trocknen lassen. Beidseitig auf je einen Meter Blumendraht auffädeln und mit Kleber fixieren. Draht am Halsansatz und vorderen unteren Topfrand ankleben. Draht spiralförmig aufdrehen. Juteband mit Bast zusammenbinden und als Hut aufsetzen. Naturbast um den Hals legen, zur Schleife binden. Aus Aludraht die Angel biegen, Fischchen befestigen und in die Hand geben. Mit Muscheln dekorieren.

## Schneemann

*Abbildung & Materialangaben Seite 28/29*

Die Grundform, Arme, Haare und Gesicht, wie auf Seite 5 beschrieben, gestalten. Peperoni als Nase aufkleben.
Den **Schneemann** dick mit Deko-Paste einstreichen, nach dem Trocknen mit Ice Kristall überziehen. Armtöpfchen einzeln bemalen und nach dem Trocknen auffädeln. Pfeifenputzer am Halsansatz ankleben. Strickschlauch als Pudelmütze überziehen und mit blauem Band abbinden. Strickschlauchschal umbinden und den Besen im Arm fixieren.

## Schneemann & Engelchen

### Material

***Schneemann***

- 3 Tontöpfe, 9 cm ∅
- 4 Tontöpfe, 3 cm ∅
- Styroporkugel, 8 cm ∅
- 2 Pfeifenputzer in Weiß
- 2 Wackelaugen, 6 mm ∅
- Deko-Paste in Weiß, grob
- Ice Kristall
- Pluster-Pen in Schwarz
- Strickschlauch in Blau-gemustert, 8 x 20 cm
- Strickschlau in Blau, 4 x 40 cm
- Band in Blau, 50 cm
- Peperoni, Besen

***Anleitung „Schneemann" Seite 26***

***Engelchen***

- 2 Glockentöpfe, 13 cm Ø
- Glockentopf, 15 cm Ø
- 8 Tontöpfe, 3 cm Ø
- 2 Pfeifenputzer in Weiß
- Medaillonhälfte, 12 cm
- Engelshaar in Gold
- Sternengirlande in Blau
- Gittertüll in Silber, 50 cm
- Metallicfarbe in Gold
- Perlmuttfarbe in Weiß
- Messingglöckchen
- Sternkerzenhalter
- Moosgummi in Weiß
- Glimmer-Pen in Laserblau
- Pluster-Pen in Schwarz, Weiß, Rot
- Holzperle in Natur, 6 mm Ø

**Vorlage** E

*Anleitung „Engelchen" Seite 30*

# Weihnachtsmann

**Material**

- 2 Tontöpfe, 16 cm ∅
- Tontopf, 18 cm ∅
- 8 Tontöpfe, 5 cm ∅
- Sisaldraht, 6 - 8 mm ∅, 60 cm
- 2 Holzkugeln, 30 mm ∅
- 2 Wackelaugen, 2 cm ∅
- Holzperle, 1,5 cm ∅
- Jute in Rot, 50 x 70 cm, für die Mütze
- Jute in Rot, 40 x 40 cm, für den Umhang
- Jute in Natur, 20 x 30 cm, für das Säckchen
- Filzrest in Grün
- Kordel in Rot, Grün, Gold, 6 mm ∅, 1 m
- Engelshaar/-locken in Weiß
- Holzwolle
- 2 Messingglöckchen, 3 cm
- Kordel in Rot, 6 mm ∅, 50 cm
- Tannenzweig

**Vorlage** F

Die Grundform, Arme, Haare und Gesichter, wie auf Seite 5 beschrieben, gestalten.
Engelslocken als Haare aufkleben. Die Mütze (Vorlage F) zusammenkleben, mit Holzwolle ausstopfen und aufsetzen. Mützenrand mit etwas Engelshaar bekleben. Für den Umhang Jute am oberen Rand 4 cm breit umnähen, Kordel einziehen, umbinden. Restliches Engelshaar als Bart aufkleben. Kleinen Sack nähen, mit Filzecken bekleben und mit roter Kordel binden. Sack und Tannenzweige in die Arme kleben. Ein Messingglöckchen an einer „Hand" befestigen, ein Glöckchen am Mützenzipfel annähen.

## Engelchen

*Abbildung & Materialangaben Seite 28/29*

Die Grundform, Arme, Haare und Gesicht, wie auf Seite 5 beschrieben, gestalten.
Das Kleid für das **Engelchen** mit Perlmuttfarbe zweimal anstreichen. Armtöpfchen vor dem Auffädeln bemalen. Nach dem Trocknen Töpfchen auf Pfeifenputzer aufziehen. Am Halsansatz festkleben und Arme nach vorn biegen, mit Kleber fixieren. Medaillon als Oberkopf aufkleben, in Gold bemalen und mit Engelshaar bekleben. Als Augenfarbe Glimmer in Laserblau verwenden. Gittertüll locker drehen und als Kragen um den Hals legen. Die Enden der Pfeifenputzer umbiegen. Glöckchen in die eine Hand geben, Kerzenhalter auf die andere Hand kleben. Haare ins Gesicht ziehen und Sternengirlande als Kranz aufsetzen. Glimmersterne auf Kleid und Ärmel malen. Flügel aus Moosgummi zuschneiden (Vorlage E) und aufkleben.

## Impressum


Christophorus Verlag GmbH
Freiburg im Breisgau

Printed in Germany
ISBN 3-419-56483-X



**Styling und Fotos:**
Roland Krieg, Waldkirch

**Covergestaltung und Layoutentwurf:**
Network!, München

**Coverrealisierung:**
smp, Freiburg

**Produktion:**
Carsten Schorn, Merzhausen

**Druck:**
Freiburger Graphische Betriebe

Wir sind für Sie da, wenn Sie Fragen haben.
Und wir interessieren uns für Ihre eigenen Ideen und Anregungen.
Schreiben Sie uns, wir hören gerne von Ihnen!
Ihr Christophorus-Team

***Christophorus-Verlag GmbH***
***Hermann-Herder-Str. 4***
***79104 Freiburg***
*Tel.: 0761/ 27 17-0*
*Fax: 0761/ 27 17-3 52*
*oder e-mail:*
*info@christophorus-verlag.de*

*www.christophorus-verlag.de*

# Profi-Tipp der Autorin

## Tontopf-Figuren im Freien

Wenn Sie Ihre Figuren draußen aufstellen wollen, sollten Sie die Gesichter mit Klarlack besprühen. Silikonkleber ist witterungsbeständig. Auch die Deko-Materialien wie Sisal, Jute, Holzformen, Blumen ... sind nicht sehr empfindlich gegen Nässe und halten etwas Regen gut aus.